VENTE DU MARDI 31 JANVIER 1888

HOTEL DROUOT, SALLE N° 7

à deux heures précises

ESTAMPES

ET

DESSINS

ANCIENS ET MODERNES

EXPOSITION PUBLIQUE

LE LUNDI 30 JANVIER 1888

DE DEUX HEURES A CINQ HEURES

<table>
<tr><td>COMMISSAIRE-PRISEUR</td><td>EXPERT</td></tr>
<tr><td>Me MAURICE DELESTRE</td><td>M. JULES BOUILLON</td></tr>
<tr><td>27, rue Drouot, 27</td><td>Md d'Estampes de la Bibliothèque nationale
3, rue des Saints-Pères, 3</td></tr>
</table>

IMPRIMERIE D. DUMOULIN ET Cⁱᵉ
Rue des Grands-Augustins, 5, à Paris.

ESTAMPES
ET
DESSINS
ANCIENS ET MODERNES

IMPRIMERIE D. DUMOULIN ET Cie
Rue des Grands-Augustins, 5, à Paris.

CATALOGUE
D'ESTAMPES

ET
EAUX-FORTES MODERNES

DESSINS MODERNES
ET QUELQUES-UNS DU XVIIIᵉ SIÈCLE

TABLEAUX
Cadres en bois sculptés

DONT LA VENTE AURA LIEU

HOTEL DROUOT, SALLE Nᵒ 7

Le Mardi 31 Janvier 1888

A deux heures précises.

Par le ministère de Mᵉ **Maurice DELESTRE**, Commissaire-Priseur
27, rue Drouot,

Assisté de **M. Jules BOUILLON**, Mᵈ d'Estampes de la Bibliothèque
nationale, succʳ de CLÉMENT, 3, rue des Sts-Pères,

Chez lesquels se trouve le présent Catalogue.

EXPOSITION PUBLIQUE : le Lundi 30 Janvier 1888

De deux heures à cinq heures

CONDITIONS DE LA VENTE

La vente sera faite au comptant.

Les acquéreurs payeront cinq pour cent en sus des enchères applicables aux frais.

ORDRE DES VACATIONS

ESTAMPES

N° 53 à la fin.

DESSINS

N° 1 à 52.

DÉSIGNATION

TABLEAUX

ANONYME (dix-septième siècle).

1 — *Marly-le-Roy.*

Vue des Pavillons, avec figures sur le devant.
Gouache sur velin, encadrée.

HUET (C.)

2 — *Singeries.*

Composition de cinq figures.

Haut. o.62. Larg. o.80.

DESSINS

ANONYME

3 — *Un Dialogue.*

A la mine de plomb.

BOUCHER (F.)

4 — *Amour sur des nuages.*
A la sanguine, rehaussé de blanc. Cadre ancien.

CASANOVA

5 — *Une Bataille.*
A la plume et lavis de sepia. Encadré.

CASSAS

6 — *Chaumière au bord d'une rivière.*
Au lavis d'encre de Chine, signé et daté 1776. Encadré.

CHAPLIN (Ch.)

7 — *Femme nue couchée, dormant.*
Aux trois crayons. Encadré.

CHASSELAT

8 — *Jésus prêchant.*
Au lavis de bistre. Encadré.

CLAIRIN (G.)

9 — *Un prince oriental debout.*
Aquarelle. Encadré.

COCHIN (Ch.-N.)

10 — *La Tricoteuse.*
A la sanguine.

COUSTOU

11 — *Satyre enlevant une Nymphe.*

A la plume et lavis d'encre de Chine. Encadré.

DAGNAN

12 — *Portrait d'une jeune fille assise sur une chaise.*

Au crayon noir. Encadré.

DEVERIA (A.)

13 — *Portrait de Mme de La Sablière, représentée debout.*

Au lavis de bistre, rehaussé de blanc.

14 — *Apollon et Daphné.*

Au lavis de bistre.

15 — *Le comte Clary en costume oriental.*

Aquarelle.

DIVERS

16 — *Dessins français et hollandais pour illustration.*

Cinq pièces.

ÉCOLE HOLLANDAISE

17 — *Moutons et chèvres couchées. — La vache
et le veau.*

Deux dessins au lavis de bistre.

FLAMENG (L.)

18 — *Jeune femme endormie sur un canapé.*

Composition pour les « Nouvelles » de Musset publiées
chez Conquet.

Au crayon noir et lavis d'encre de Chine, rehaussé de
blanc. Encadré.

GARRIGA

19 — *Arabe à la porte d'une mosquée.*

Gravure sur bois retouchée à la mine de plomb, par
l'artiste. Encadrée.

GIACOMELLI (H.)

20 — *Les Nids d'oiseaux. — Deux pendants.*
Aquarelles. Encadrées.

21 — *Oiseaux sur une branche.*
Aquarelle. Encadrée.

GIBERT (E.)

22 — *Vues d'Italie.*

Quatre dessins au crayon noir et mine de plomb. Encadrés.

GRANDVILLE (J.-J.)

23 — *Deux dessins pour les* Animaux peints par eux-mêmes.

A la plume, encadrés dans un même cadre en bois sculpté.

24 — *Autre dessin pour les* Animaux peints par eux-mêmes.

A la plume. Encadré.

25 — *Promenade au Champs-Élysées.*

Au lavis de bistre, rehaussé de blanc, signé et daté 1827. Encadré.

GRAVELOT (H.)

26 — *Sujets pour illustration.*

Trois dessins au crayon noir et mine de plomb.

GREVIN

27 — *La Marchande d'œufs.*

Aux trois crayons. Encadré.

LE CLERC (S.)

28 — *Sujets d'histoire.*

Huit dessins à la sanguine.

LEONI (O.)

29 — *Portrait de femme, avec collerette.*

Au crayon noir, rehaussé de blanc. Cadre ancien.

LEPRINCE

30 — *Danse russe.*

A la plume et lavis de sépia et d'encre de Chine. Encadré.

LE SUEUR (Eustache)

31 — *Allégorie.*

Composition de deux figures.
Au crayon noir, rehaussé de blanc. Cadre ancien.

MEYER

32 — *Le Déjeuner de l'Enfant.*

A la plume et aquarelle.

MOREAU (J.-M.)

33 — *Fleuron pour Joseph, poème en neuf chants, par M. Bitaubé.*

A la plume et lavis d'encre de Chine, signé et daté 1767, on y a joint la gravure en double état, avant et avec le texte.

34 — *Tombeau de J.-J. Rousseau.*

A la plume et lavis d'encre de Chine. Encadré.

NILSSON (K.)

35 — *Portraits de Princes et Princesses alle-*
mands, dans des entourages d'ornements,
avec figures.

Cinq dessins à la plume et lavis d'encre de Chine et
sanguine. Seront vendus séparément.

OUDRY (J.-B.)

36 — *Escalier d'un parc de château; sur le de-*
vant, trois figures.

Au crayon noir, rehaussé de blanc, sur papier bleu.
Encadré.|

PICOU (H.)

37 — *Femme nue couchée, dormant.*

A la sanguine et crayon noir; signé et daté 1868.

PIERRE (J.-B.-M.)

38 — *La Pêche; composition de quatre figures.*

A la plume et lavis d'encre de Chine. Cadre ancien.

PILLES (HENRI)

39 — *La Sortie d'un palais.*

A la plume et aquarelle. Encadré.

RAFFET

40 — *Napoléon à cheval, sur un champ de bataille.*

Au lavis de sépia et mine de plomb.

ROBERT (H.)

41 — *Les Lessiveuses.*

Au crayon noir. Cadre ancien.

SAFFREY

42 — *Vues de Paris.*

Cinq dessins à la mine de plomb.

SAINT-AUBIN (Aug. de)

43 — *Allégorie pour un frontiscipe de livre.*
A la plume.

STAHL

44 — *Quatre dessins pour illustration des œu-
vres de Chateaubriand.*

Au crayon noir et lavis d'encre de Chine, rehaussé de
blanc.

STEVENS (A.)

45 — *Le Printemps.*

A la plume et lavis d'aquarelle. Encadré.

TIEPOLO

46 — *La Sainte Famille.*

Au lavis de bistre. Cadre ancien.

TOUDOUZE (E.)

47 — *Scène d'amour, dans un intérieur.*

A la plume et lavis d'encre de Chine. Encadré.

TRINQUESSE

48 — *La Joueuse de vielle.*

A la plume. Encadré.

VALDÈS

49 — *Saint François en adoration devant le Christ et la Vierge.*

Au lavis de bistre rehaussé de blanc. Cadre ancien.

VERNET (C.)

50 — *Promenade à cheval.*

A la mine de plomb. Encadré.

VINKELES

51 — *Adam et Ève dans le Paradis terrestre.*

A la plume et lavis d'encre de Chine. Cadre ancien.

52 — *Sept dessins pour illustration d'un roman.*

A la plume et lavis d'encre de Chine.

ESTAMPES

ANONYME

53 — *Arrivée de la duchesse de Berry en France.*
Gravure au trait. Coloriée.

BERTINOT (G.-N.)

54 — *La Vierge aux donateurs, d'après Van Dyck.*
Très belle épreuve avant la lettre, sur chine.

55 — *Salomé, fille d'Hérodiade, recevant la tête de saint Jean-Baptiste, d'après Suini.*
Epreuve avant la lettre, sur chine.

56 — *Van Dyck (Antoine), d'après lui-même.*
Épreuve d'artiste, sur chine.

BETTI (G.-B.)

57 — *Alphabet dédié aux amateurs des beaux-arts.*
Suite de vingt-cinq pièces dont un titre.
Très belles épreuves, toutes marges.

BOILVIN et BORREL

58 — *Vulcain présentant à Vénus des armes pour Énée. — Le Traîneau.*

Deux pièces, d'après **Boucher**.
Épreuves d'artistes sur japon.

BOREL (d'après A.)

59 — *La Bascule. — Le Charlatan.*

Deux pièces faisant pendants, gravées en couleur, par Leveillé.
Très belles épreuves. Encadrées.

BOUCHER (d'après F.)

60 — *La Bergère endormie.*

Par Demarteau, à la sanguine.
Très belle épreuve. Encadrée.

61 — *La Danse.*

Par Demarteau.
Très belle épreuve. Encadrée.

62 — *La jeune Mère.*

Par Bonnet.
Très belle épreuve. Encadrée.

63 — *La Paysanne au marché.*

Par Demarteau.
Belle épreuve. Encadrée.

BOUCHER (d'après)

64 — *Retour du marché.*

Par Demarteau, à la sanguine.
Très belle épreuve. Encadrée.

65 — *Têtes de jeunes femmes.*

Deux pièces faisant pendants, gravées aux trois crayons
par Demarteau.
Très belles épreuves. Encadrées.

66 — *Vénus et l'Amour.*

Par Bonnet.
Très belle épreuve. Encadrée.

67 — *Vénus debout appuyée sur un lit.*

Par Bonnet.
Très belle épreuve. Encadrée.

86 — *Vénus à la colombe.*

Gravé à la manière du pastel, par Bonnet.
Très belle épreuve. Encadrée.

69 — *Vénus et l'Amour assis sur des draperies.*

Gravé en couleur à la manière du pastel, par Bonnet.
Très belle épreuve. Encadrée.

70 — *Vénus aux colombes.*

Par Bonnet, aux trois crayons.
Très belle épreuve. Encadrée.

71 — *Vénus couchée sur des draperies.*

Par Demarteau.
Très belle épreuve. Encadrée.

BOUCHER et WATTEAU (d'après)

72 — *Têtes de femmes.*

Trois pièces, gravées aux trois crayons par Demarteau.
Très belles épreuves. Encadrées.

BOULAND fils

73 — *Greffulhe (Éliane-Marie-Charlotte-Henriette), 1885.*

Epreuve sur japon.

BRACQUEMOND

74 — *La Servante, d'après Leys.*
Épreuve du 2e état,

BURNEY (F.-E.)

75 — *Innocent X, d'après Velasquez. — Mgr de Ségur, d'après Gaillard.*

Épreuves avant la lettre, signées du graveur.

76 — *La belle Chocolatière, d'après Liotard.*
Épreuve d'artiste, sur chine, signée du graveur.

CHAMPOLLION (E.-A.)

77 — *Le choix du Modèle, d'après Fortuny.*
Épreuve d'artiste, sur japon.

78 — *Salomé, d'après B. Constant,*
Épreuve d'artiste sur japon, signée.

CHAPLIN

79 — *Embarquement pour Cythère, d'après Watteau.*

Très belle épreuve avant la lettre, sur chine.

CLERMONT (d'après)

80 — *Le petit Marchand d'huîtres. — La petite Laitière.*

Deux pièces faisant pendants, gravées aux trois crayons par Demarteau.

.Très belles épreuves. Encadrées.

COURTRY (Ch.)

81 — *Les Amateurs d'estampes, d'après Meissonier.*

Épreuve d'artiste avec croquis dans la marge du bas, représentant le portrait de Meissonnier, sur japon, signée du graveur.

COURTRY et LUCAS

82 — *Mère et Enfants, d'après Holbein.*

Épreuve avant la lettre, sur chine.

83 — *L'Infante Marguerite, d'après Velasquez. — L'Infante Isabelle-Claire-Eugénie, d'après Coello.*

Deux pièces.

Épreuves avant la lettre.

DANGUIN (J.-B.)

84 — *Le Songe du Chevalier, d'après Raphaël.*
Épreuve avant la lettre, sur chine.

85 — *Portrait de femme, d'après Rembrandt.*
Publié par la société française de gravure.
Superbe épreuve avant la tettre, sur chine. Encadrée.

DEBUCOURT (P.-L.)

86 — *La Marchande d'eau-de-vie , d'après Vernet.*

En couleur.
Très belle épreuve.

87 — *La Marchande de saucisses, d'après Vernet.*

En couleur.
Très belle épreuve.

88 — *La Marchande de cerises , d'après Vernet.*

En couleur.
Très belle épreuve.

89 — *Le Cosaque galant, d'après Vernet.*
En couleur.
Très belle épreuve.

DEBUCOURT (P.-L.)

90 — *Adieux d'un Russe à une Parisienne, d'après Vernet.*

En couleur.
Très belle épreuve.

DESVACHEZ (D.-J.)

91 — *Charles Ier debout près de son cheval que tient un écuyer, d'après Van Dyck.*

Très belle épreuve avant la lettre sur chine. Encadrée.

DIDIER (Ad.)

92 — *Clèves (Anne de), reine d'Angleterre, d'après Holbein.*

Très belle épreuve d'artiste.

DIVERS

93 — *Eaux-fortes, par Lalauze et autres.*

Quatre pièces.
Épreuves avant la lettre.

FLAMENG (L.)

94 — *Jésus guérissant les malades.*

(La pièce aux cent florins), d'après Rembrandt.
Très belle épreuve. Encadrée.

FLAMENG (L.)

95 — *La Ronde de nuit, d'après Rembrandt.*

Très belle épreuve avant la lettre, 2e état. Encadrée.

96 — *Rubens et sa première femme.*

Deux portraits faisant pendants, d'après Rubens.
Superbes épreuves avant toutes lettres. Encadrées.

97 — *Portrait de femme, d'après Rembrandt.—*
Le Buveur, d'après Hals.

Deux pièces.
Épreuves d'artiste, sur japon.

FORTUNY

98 — *La Victoire. — Garde de la Casbah, à*
Tétuan.

Deux pièces.
Belles épreuves avant la lettre.

FRAGONARD (d'après H.)

99 — *La Culbute.*

Gravé au bistre, par Charpentier.
Très belle épreuve. Encadrée.

100 — *Les deux baisers.*

Par Marchand. Deux pièces faisant pendants.
Très belles épreuves.

FRAGONARD (d'après H.)

101 — *Les Hasards heureux de l'Escarpolette.*

Par N. De Launay.
Très belle épreuve. Encadrée.

FRANÇOIS (Alphonse)

102 — *Mariage mystique de sainte Catherine,*
d'après Memling.

Épreuve d'artiste sur chine, avec dédicace de l'artiste à
M. Reiset.

FREUDEBERG (d'après S.)

103 — *La crainte enfantine.*

Par Janinet, en couleur.
Très belle gravure. Encadrée.

GAILLARD (F.)

104 — *Jésus à table chez les disciples d'Em-*
maüs, d'après Rembrandt.

Superbe épreuve avant la lettre, sur chine. Encadrée.

105 — *La Vierge et l'enfant Jésus, d'après Bo-*
ticelli.

Très belle épreuve avant la lettre. Cadre ancien.

GAILLARD

106 — *Saint Georges combattant le Dragon,
d'après Raphaël.*

Superbe épreuve avant toutes lettres, sur chine, avec
dédicace du graveur, à M. Ledoux.

107 — *Saint Georges combattant le Dragon,
d'après Raphaël.*

Épreuve avant la lettre, sur chine, signée du graveur.

108 — *OEdipe, d'après Ingres, avant la lettre.
— La Vierge de la maison d'Orléans.*

Deux pièces.
Épreuves sur chine.

109 — *Académie d'homme.*

Épreuve avant la lettre.

110 — *Tête de cire du musée de Lille.*

Épreuve d'artiste, sur chine, signée du graveur.

111 — *Le Père Hubin.*

Épreuve avant la lettre, sur chine, signée du graveur.

GAUJEAN

112 — *La Madone de San-Zeno, d'après Man-
tegna. — Naissance de Vénus, d'après
Boticelli. — Un Magistrat, d'après
Ghirlandajo, etc.*

Épreuves avant la lettre, dont trois sur japon.

GAUJEAN

113 — *Sainte Cécile, d'après Van Eyck. — Le Concert, d'après Terburg.*

Épreuves d'artiste, sur japon.

114 — *L'Enfant aux cerises, d'après John Russell.*

Épreuve d'artiste, avec cropuis dans la marge du bas, signée du graveur, sur japon.

GILBERT (A.)

115 — *Militaire debout, d'après Meissonnier.*

Épreuve avant la lettre, sur chine.

GRATELOUP (J.-B. de)

116 — *Lecouvreur (Adrienne), d'après Coypel.*

Épreuve du 1er état, avant toutes lettres.

GREUX (G.)

117 — *Odalisque, d'après B. Constant.*

Épreuve d'artiste, sur japon, signée des artistes.

GREUX (G.) et CHAMPOLLION

118 — *Piano. — Vase japonais. — Vase d'après G. Doré.*

Trois pièces.
Épreuves avant la lettre.

GREUX et HABERT

119 — *La mer, près de Naples. — Vue de Venise, d'après Guardi.*

Épreuves d'artiste, sur chine et japon.

GREUZE (d'après J.-B.)

120 — *Le Tendre désir.*

Superbe épreuve avant la dédicace.

HUET (d'après J.-B.)

121 — *Bergers gardant leurs troupeaux.*

Deux compositions différentes, gravées en couleur, par Jubin.

Très belles épreuves. Encadrées.

122 — *Berger gardant son troupeau. — Bergère gardant son troupeau.*

Deux pièces, faisant pendants, gravées au trois crayons par Demarteau.

Très belles épreuves. Encadrées.

123 — *Berger gardant son troupeau. — Le Retour des champs.*

Doux pièces, faisant pendants, gravées en couleur, par Demarteau.

Très belles épreuves. Encadrées.

HUET (d'après J.-B.)

124 — *Le Goûter champêtre. — Le Retour du marché.*

Deux pièces en couleur, faisant pendants, gravées par Jubin.

Très belles épreuves. Encadrées.

125 — *Le Repos, par Demarteau.*

Belle épreuve. Encadrée.

HUOT (A.)

126 — *Denon (le baron), d'après Prud'hon.*

Épreuve d'artiste, sur chine.

JACQUE (Ch.)

127 — *Entrée à la Bergerie.*

Épreuve avant la lettre, sur chine.

JACQUEMART (J.)

128 — *Triptyque allemand du XIIe siècle. — Vase hispano-moresque. — Vénus marine.*

Trois pièces.
Épreuves avant la lettre.

JACQUEMARD

129 — *Bijoux antiques du musée Campana. — Armes du XVIe siècle. — Moïse, d'après Michel-Ange.*

Trois pièces.
Épreuves avant la lettre.

130 — *Bijoux antiques de la collection Campana. — Miroir français du XVIe siècle. — Armes du XVIe siècle.*

Épreuves de premier tirage, avant la lettre.

131 — *La Canne de M. de Balzac.*

Épreuve du 2ᵉ état, avant le nom du graveur, sur japon.

132 — *Trois planches des Gemmes et Joyaux de la Couronne.*

Épreuves avant la lettre, sur vélin.

133 — *Table en buis de l'exposition de M. Beurdeley. 1878.*

Épreuve avant la lettre.

134 — *Elisabeth de Valois, d'après Antonio Moro. — La Veuve et l'Enfant, d'après Reynolds.*

Deux pièces.
Épreuves avant la lettre.

JACQUEMARD

135 — *Une Exécution au Japon.*

Épreuve du premier état, sur japon.

JANINET (F.)

136 — *Mlle Duthé, d'après Lemoine.*

In-folio, en couleur. Superbe épreuve. Encadrée.

137 — *La Noce de Village. — Le Repas des Moissonneurs.*

Deux pièces faisant pendants, d'après P. A. Wille, en couleur.

Très belles épreuves. Encadrées.

138 — *Les Comédiens comiques. — Le Rendez-vous comique.*

Deux pièces faisant pendants, gravées, en couleur, d'après Watteau.

Très belles épreuves. Encadrées.

139 — *Baraque rustique, d'après Ostade.*

En couleur. Très belle épreuve. Encadrée.

140 — *Le Nouvelliste, d'après Ostade.*

En couleur. Belle épreuve. Encadrée.

JAZINSKI

141 — *La Fille de M*^{me} *Vigée Le Brun, d'après
elle-même.*

Très belle épreuve d'artiste, signée du graveur. Encadrée.

KŒPPING (Ch.)

142 — *Jeune fille portant un enfant.*

Épreuve avant la lettre, avec dédicace.

143 — *Portrait de femme, d'après Rembrandt.*

Épreuve avant la lettre, sur Japon.

KRATKE (L.)

144 — *Militaire en costume du xvi° siècle, d'après
Fortuny, 1871.*

Épreuve d'artiste, signée du graveur, sur japon.

LAGUILLERMIE (A.-F.)

145 — *Portrait d'homme, d'après Antonello de
Messine.*

Épreuve d'artiste, sur chine, signée du graveur.

146 — *Les Funérailles de Marceau, d'après
J.-P. Laurens.*

Très belle épreuve d'artiste, sur chine, signée du graveur.

LALANNE (M.)

147 — *Trouville.*

Épreuve sur chine.

LALAUZE (H.)

148 — *Entrée de Charles V, à Anvers, d'après Makart.*

Superbe épreuve d'artiste, signée du graveur, avec le n° 2 1, sur japon. Encadrée.

149 — *Louis XIV et Molière, d'après H.-J. Vetter.*

Très belle épreuve avant la lettre, sur chine.

LAVREINCE (d'après N.)

150 — *Le Déjeuné anglais.*

Par Vidal, en couleur.
Très belle épreuve. Éncadrée.

LEFÈVRE (Achille)

151 — *Jupiter et Antiope, d'après Le Corrège.*

Très belle épreuve avant la lettre, sur chine.

LELOIR (L.)

152 — *Portrait d'homme, avec chapeau et large colerette.*

Épreuve avant la lettre.

LEPAGE (Bastien)

153 — *Le Faucheur.*

Épreuve avant la lettre, sur chine.

LEPRINCE (d'après)

154 — *Jeune femme assise.*

Gravée, aux trois crayons, par Bonnet.
Très belle épreuve. Encadrée.

LE RAT

155 — *Militaire à cheval, d'après Meissonier.*

Épreuve d'artiste, avec croquis dans la marge du bas,
signée du graveur, sur japon.

LÉVY (G.)

156 — *Portrait de jeune fille, tenant une couronne de laurier, d'après la Rosalba.*

Très belle épreuve d'artiste, sur chine.

LHERMITE (L.)

157 — *Le Marché au poisson. — Le Moulin. —
Le Repos.*

Trois pièces.
Épreuves d'artistes.

MARE (DE) (T.)

158 — *Simonetta Januensis Vespuccia. In-4°.*

Épreuve sur japon, signée du graveur.

MASSARD (L.)

159 — *Gloucester (The Princess Sophia Ma-*
thilde of), d'après Hoppner.

Épreuve avant la lettre, sur Japon.

MASSARD (J.)

160 — *Le Brun (Mme Vigée) et sa fille, d'après*
Mme Lebrun.

Épreuve d'artiste, sur chine.

MONGIN

161 — *Le Rapport, d'après Meissonier.*

Épreuve avant la lettre.

162 — *Le Chanteur, d'après Meissonier.*

Épreuve avant la lettre, signée du graveur.

MONGIN (A)

163 — *L'Attaque des voyageurs, d'après Glin-*
doni.

Épreuve d'artiste, avec croquis dans la marge du bas,
signée du graveur.

MORDAUNT (D.)

164 — *Le Doreur, d'après Rembrandt. — Les Cerises, d'après Edelfeld.*

Épreuves avant la lettre, sur japon.

165 — *Salomé, d'après Courtois.*

Épreuve d'artiste, avec croquis dans la marge du bas.

166 — *Sous le Directoire, d'après Édelfeld.*

Épreuve d'artiste, sur japon.

MORSE (A.-A.)

167 — *Le Benedicite, d'après Maes.*

Épreuve avant toutes lettres, sur Chine, signée du graveur.

NITTIS (DE)

168 — *Jeune femme assise dans un fauteuil, dormant.*

Épreuve sur chine.

PARRISH (STEPHEN)

169 — *Maisons de Pêcheurs. États-Unis.*

Épreuve du premier état, sur japon.

RAJON (P.-A.)

170 — *Le Repas de famille, d'après J. Steen.*
Épreuve avant la lettre, sur chine.

RANSON

171 — *1er et 2e cahiers de groupes de fleurs et d'ornements.*

Huit pièces de ces deux cahiers. Épreuves avec marges.

ROPS (F.)

172 — *La Cuisinière du repas des Artistes, à Anseremme.*
Épreuve sur japon.

173 — *Les Champs. — Souvenir d'Anvers.*
Deux pièces.
Épreuves avant la lettre.

174 — *Les Exercices de dévotion de M. Henri Roch.*
Épreuve du premier état.

175 — *La Femme à la fourrure, debout, pour Rimes de joie.*
Épreuve avant la lettre.

ROPS

176 — *La Femme au trapèze.*
Épreuve sur Japon.

177 — *Folies-Bergère.*
Épreuve avant la lettre sur japon.

178 — *Menus.*
Trois pièces.

179 — *Prêtre russe.*

180 — *La Syrène.*
Épreuve sur japon.

181 — *Le Train des Maris.*
Épreuve avant la locomotive.

182 — *La vieille Masken.*
Épreuve du deuxième état.

183 — *Frontispice de* Bibliotecum erotica.
Épreuve du premier état.

184 — *Frontispices de Bruxelles, publiés par Gay et Doucé.*

Rimes de joie. — Histoire de la sainte chandelle d'Arras. — Les exercices de dévotion de M. Roch. — Les cousines de la colonelle. — Le diable dupé par les femmes — Les amusements des dames de Bruxelles. — Les chansons de Collé. — La fleur lascive. — Les phases de la lune. — Le catéchisme des gens mariés. — La messe de Gnide.
Treize pièces, dont deux doubles en premier état.

ROYBET F.)

185 — *Le Joueur d'échecs.*

Épreuve d'artiste, sur Chine.]

SAFFREY

186 — *La Pompe Notre-Dame.*

Épreuve sur japon.

SALMON (A.)

187 —- *Portrait d'homme, d'après Rosso.*

Épreuve avant la lettre, sur chine.

SAINT-AUBIN (d'après AUG. DE)

188 — *La Jardinière.* —- *La Savonneuse.*

Deux pièces faisant pendants, gravées par A. Sergent.
Très belles épreuves. Encadrées

THÉVENIN

189 — *Les Enfants de Charles Ier, d'après Van Dyck.*

Très belle épreuve avant la lettre, sur chine. Encadrée.

190 — *Alphonse d'Avalos, d'après Titien.*

Très belle épreuve avant la lettre, sur chine.

TOUSSAINT

191 — *Jeune femme assise, les mains sur la poitrine, d'après Chaplin.*

Épreuves d'artiste sur japon, signée du graveur.

VANLOO et LANCRET (d'après)

192 — *Halte de chasse, par Hédouin. — L'Hiver, par T. de Mare. — L'Été, par Champollion.*

Épreuves avant la lettre, sur Chine.

VIBERT (J.-G.)

193 — *OEuvres de J.-G. Vibert.*

Gravées à l'eau-forte dans son atelier et sous sa direction. Paris, 1875. Dix pièces.
Épreuves avant la lettre, sur chine.

WALTNER (Ch.)

194 — *Day (M. et Mme). Deux portraits en pied faisant pendants, d'après Rembrandt.*

Superbes épreuves d'artiste avant toute lettre, sur japon, signées du graveur. Encadrées.

195 — *Portrait de Rembrandt, d'après lui-même.*

Très belle épreuve avant la lettre. Encadrée.

WALTNER

196 — *Portraits de M. et Mme Vryday.*

Deux pièces. Épreuves avant la lettre, sur japon.

197 — *Portrait d'homme à mi-corps, 1873.*

Épreuve avant toutes lettres, signée du graveur.

198 — *Portrait d'une actrice, d'après Frago-nard.*

Épreuve d'artiste, signee du graveur, sur chine.

199 — *Portrait de jeune femme en pied, d'après Bernard.*

Épreuve d'artiste, avec croquis dans la marge du bas, signée du graveur, sur Japon.

200 — *Portrait d'une jeune femme.*

Gravé pour MM. Agnew et fils en 1885.

Épreuve d'artiste, avec croquis dans la marge du bas, sur vélin, signée par le graveur.

201 — *Portrait de femme, d'après Millais, 1879.*

Épreuve avant la lettre, signée du graveur, sur japon.

202 — *Portrait d'une petite fille, d'après Du-bois, 1877.*

Épreuve avant la lettre, signée du graveur.

203 — *La Bohémienne, d'après Ricard.*

Épreuve avant toutes lettres, signée du graveur.

204 — *L'Antichambre, d'après Fortuny.*

Épreuve avant la lettre, signée du graveur.

WATTEAU (d'après ANT.)

205 — *Jeune femme assise sur un banc.*

Gravé, aux trois crayons, par Demarteau.
Belle épreuve. Encadrée.

WILLE J.-G.)

206 — *Saint Florentin (Louis Phélipeaux, comte de), d'après L. Tocqué.*

Belle épreuve, dans un cadre en bois sculpté, surmonté d'un écusson ornementé, aux armes du personnage.

AMAND-DURAND

207 — *Eaux-fortes et gravures des maîtres anciens, tirées des collections les plus célèbres.*

Notes, par Georges Duplessis, conservateur du département des estampes à la Bibliothèque nationale. Paris, 1872, 1881.

Collection complète en 40 livraisons de dix planches chacune.

www.ingramcontent.com/pod-product-compliance
Ingram Content Group UK Ltd.
Pitfield, Milton Keynes, MK11 3LW, UK
UKHW031735170726
13836UKWH00002B/681